hen

kana

rooster

kukko

chick

tipu

duckling

ankanpoika

bee

mehiläinen

spider

hämähäkki

beetle

kovakuoriainen

dragonfly

sudenkorento

lion

leijona

zebra

seepra

giraffe

kirahvi

rhinoceros

sarvikuono

starfish

meritähti

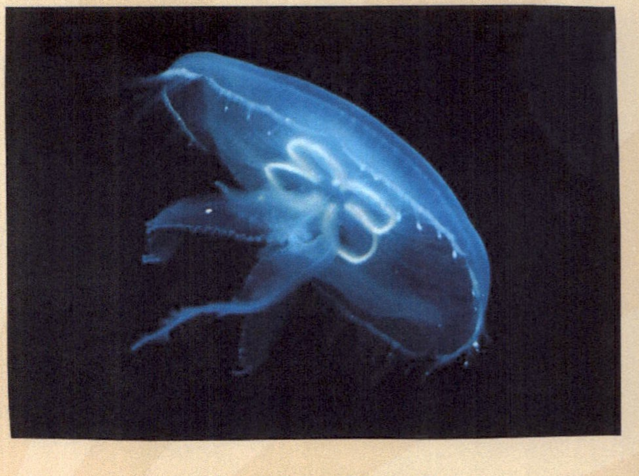

jellyfish

meduusa

seashells

simpukat

feather

sulka

arrow
nuoli

heart
sydän

crescent
puolikuu

oval
ovaali

a little

vähän

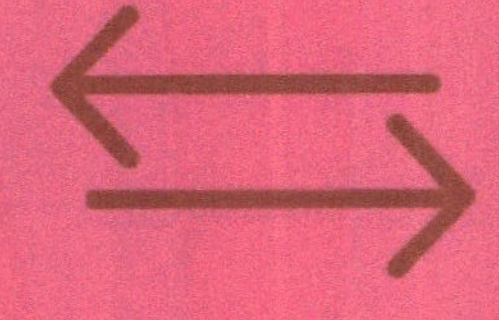

a lot

paljon

full

täysi

empty

tyhjä

tongue

kieli

nose

nenä

hair

hiukset

moustache

viikset

soap

saippua

toothbrush

hammasharja

towel

pyyhe

potty

potta

pasta

pasta

semolina

mannasuurimot

rice

riisi

soup

keitto

blueberry

mustikka

cranberry

karpalo

persimmon

persimoni

lychee

litsi

leek

purjo

onion

sipuli

garlic

valkosipuli

ginger

inkivääri

turkey

kalkkuna

donkey

aasi

swan

joutsen

frog

sammakko

bear
karhu

fly
kärpänen

racoon
pesukarhu

squirrel
orava

snail
etana

ladybug
leppäkerttu

slug
etana

worm
mato

snake

käärme

mosquito

hyttynen

sea turtle

merikilpikonna

hippopotamus

virtahepo

alligator

alligaattori

crocodile

krokotiili

shark

hai

walrus

mursu

penguin

pingviini

polar bear

jääkarhu

seal

hylje

11

eleven

yksitoista

12

twelve

kaksitoista

13

thirteen

kolmetoista

14

fourteen

neljätoista

15
fifteen

viisitoista

16
sixteen

kuusitoista

17
seventeen

seitsemäntoista

18
eighteen

kahdeksantoista

20

19

kaksikymmentä

twenty

yhdeksäntoista

nineteen

spiral
spiraali
zigzag
siksakki
curve
käyrä
cross
rasti

rainbow

sateenkaari

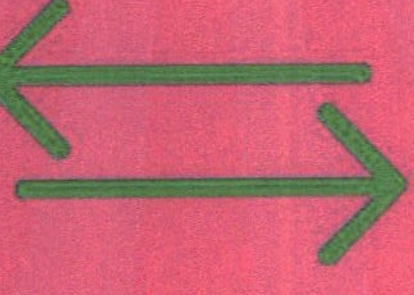

dark colors

tummat värit

light colors

vaaleat värit

line
viiva
tall
pitkä
dots
pisteitä
short
lyhyt

curly hair

kiharat hiukset

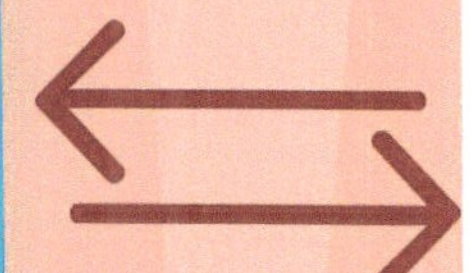

straight hair

suorat hiukset

accept

hyväksyä

refuse

kieltäytyä

identical
samanlainen

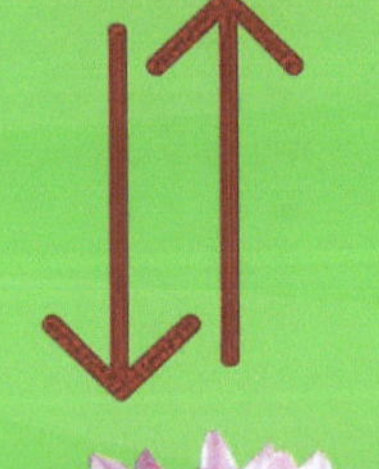

different
erilainen

dry
kuiva

wet
märkä

blocks

palikat

robots

robotit

toys

lelut

ball

pallo

fingers

sormet

arm

käsivarsi

knee

polvi

elbow

kyynärpää

smile

hymyillä

kiss

suukko

cry

itkeä

pain

kipu

body

keho

back

selkä

pacifier

tutti

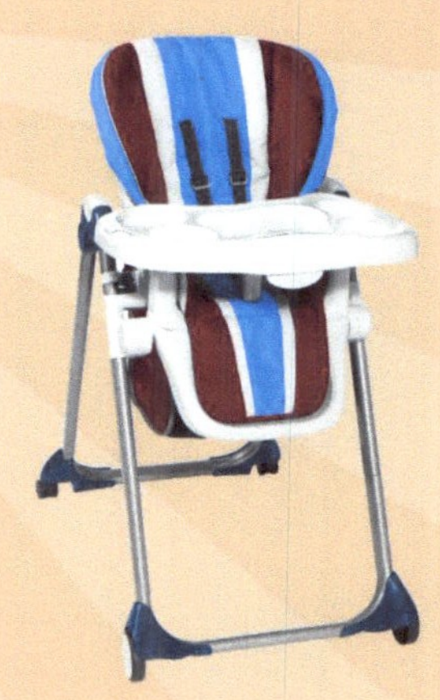

high chair

syöttötuoli

ring

rengas

bracelet

rannekoru

necklace

kaulakoru

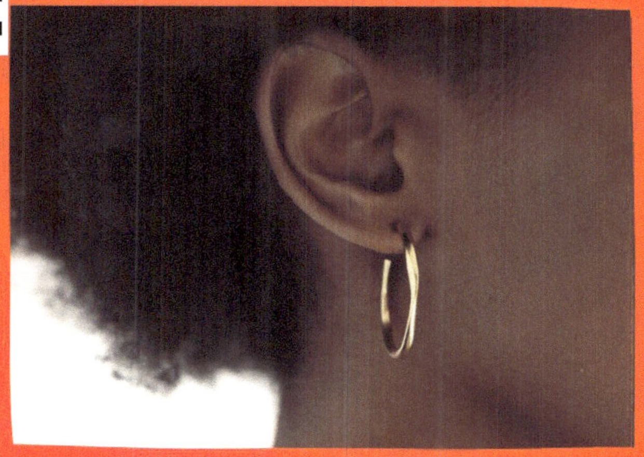

earring

korvakoru

chocolate

suklaa

popcorn

popcorn

jam

hillo

toast

paahtoleipä

bread
leipä

honey
hunaja

butter
voi

ice cream
jäätelö

water

vesi

juice

mehu

milk

maito

kiwi

kiivi

raspberry

vadelma

grapefruit

greippi

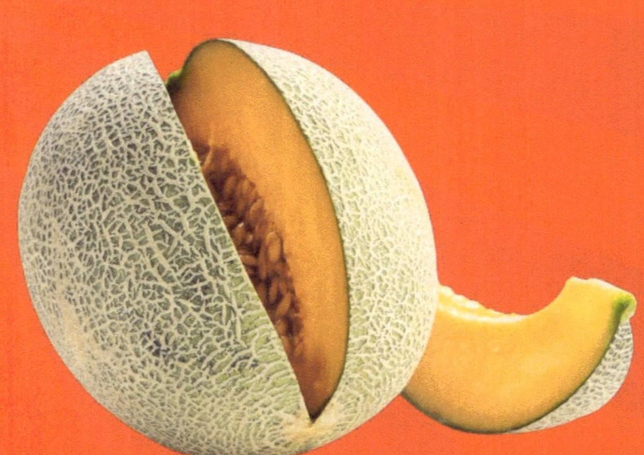

melon

meloni

apricot
aprikoosi

fig
viikuna

plum
luumu

pomegranate
granaattiomena

fruits

hedelmiä

vegetables

vihannekset

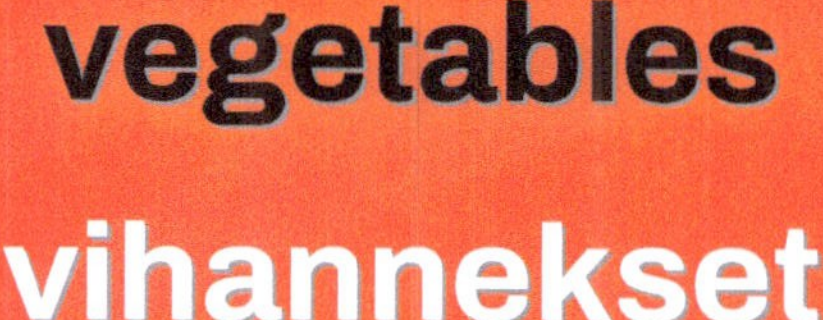

avocado

avokado

green bean

vihreä papu

broccoli
parsakaali

peas
herneet

eggplant
munakoiso

bell pepper
paprika

lettuce

lehtisalaatti

artichoke

artisokka

beet

punajuuri

endive

endiivi

walnuts

saksanpähkinät

almond

manteli

pistachio

pistaasi

cashew

cashewpähkinä